Rotraut Susanne Berner

Sprookjestijd

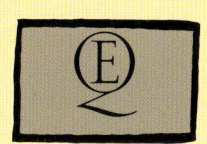

Amsterdam Antwerpen
Em. Querido's Uitgeverij B.V.
1998

STICHTING NEDERLANDSE
KINDERJURY
1999

Oorspronkelijke titel: **Märchenstunde** (Beltz Verlag, Weinheim – Basel, 1998)

Vertaling: Anita Pisters
Typografie: Dooreman

Copyright text and illustrations © 1998 by Beltz Verlag.
Translation copyright © 1998 by Em. Querido's Uitgeverij B.V., Amsterdam.
Niets uit deze uitgave mag worden verveelvoudigd en/of openbaar gemaakt,
door middel van druk, fotokopie, microfilm of op welke andere wijze ook, zonder voorafgaande
schriftelijke toestemming van Em. Querido's Uitgeverij B.V., Singel 262, 1016 AC Amsterdam.
No part of this book may be reproduced in any form, by print, photoprint, microfilm or any other means,
without written permission from Em. Querido's Uitgeverij B.V., Singel 262, 1016 AC Amsterdam.

ISBN 90 214 5245 6 / NUGI 220, 241

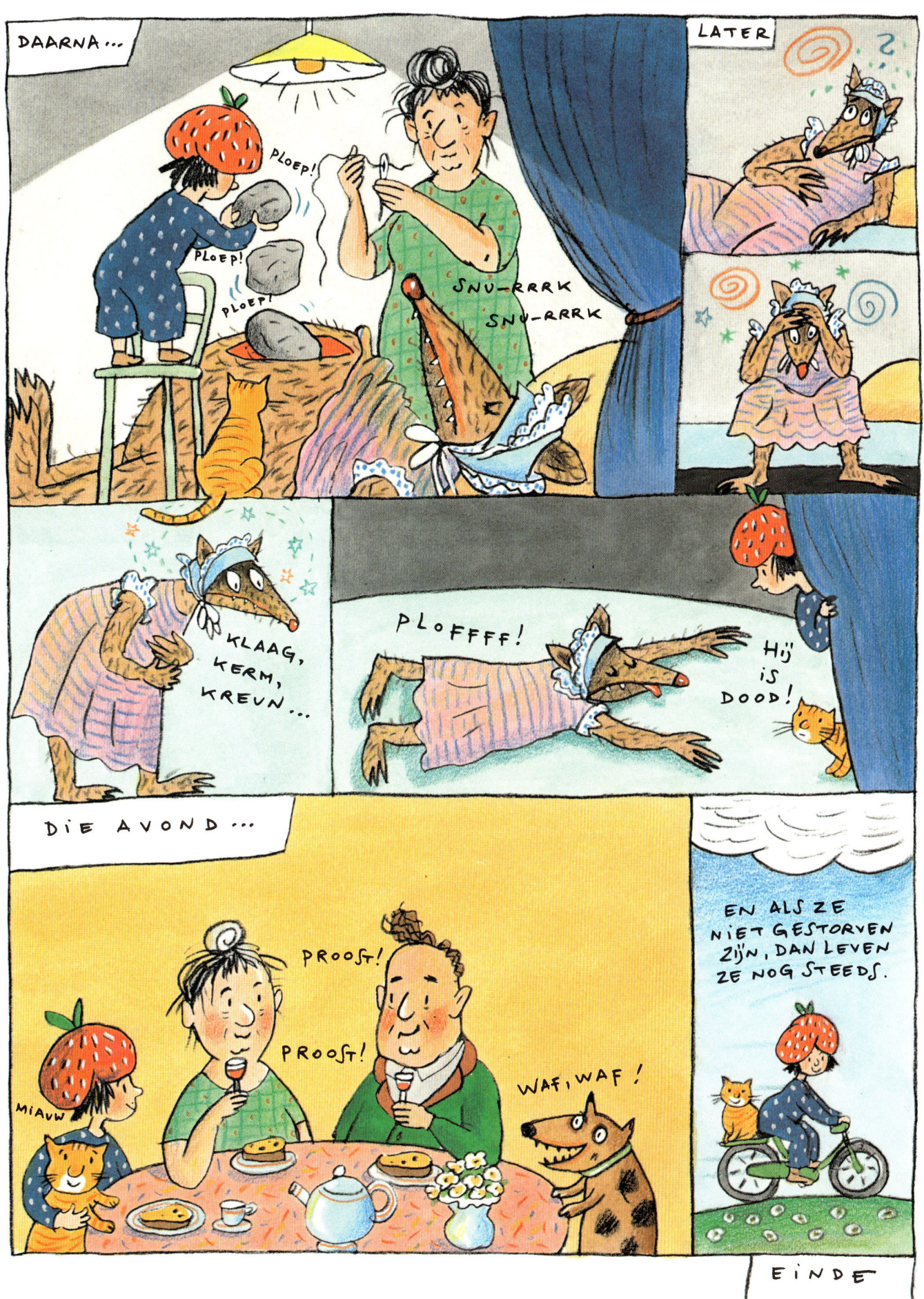